Animales asquerosos

Animales babosos

por Katie Chanez

Bullfrog en español

Ideas para padres y maestros

Bullfrog Books permite a los niños practicar la lectura de textos informativos desde el nivel principiante. Las repeticiones, palabras conocidas y descripciones en las imágenes ayudan a los lectores principiantes.

Antes de leer

- Hablen acerca de las fotografías. ¿Qué representan para ellos?
- Consulten juntos el glosario de las fotografías. Lean las palabras y hablen de ellas.

Durante la lectura

- Hojeen el libro y observen las fotografías. Deje que el niño haga preguntas. Muestre las descripciones en las imágenes.
- Léale el libro al niño o deje que él o ella lo lea independientemente.

Después de leer

- Anime al niño para que piense más. Pregúntele: ¿Has visto a un animal baboso? ¿A cuál animal has visto?

Bullfrog Books are published by Jump!
5357 Penn Avenue South
Minneapolis, MN 55419
www.jumplibrary.com

Library of Congress Cataloging-in-Publication Data

Names: Chanez, Katie, author.
Title: Animales babosos / por Katie Chanez.
Other titles: Slimy animals. Spanish
Description: Minneapolis, MN: Jump!, Inc., [2025]
Series: Animales asquerosos | Includes index.
Audience: Ages 5–8
Identifiers: LCCN 2024004536 (print)
LCCN 2024004537 (ebook)
ISBN 9798892132787 (hardcover)
ISBN 9798892132794 (paperback)
ISBN 9798892132800 (ebook)
Subjects: LCSH: Body covering (Anatomy) —Juvenile literature. | Adaptation (Biology) —Juvenile literature. Skin—Juvenile literature.
Classification: LCC QL941 .C4318 2025 (print)
LCC QL941 (ebook)
DDC 591.4—dc23/eng/20240228

Editor: Alyssa Sorenson
Designer: Emma Almgren-Bersie
Translator: Annette Granat

Photo Credits: domnitsky/Shutterstock, cover; Arek Rainczuk/Shutterstock, 1; chrisbrignell/Shutterstock, 3; WAWAN PRISTANTO/Shutterstock, 4, 23tl; ramirez/Alamy, 5; abentson/iStock, 6–7; Gerald Corsi/iStock, 8–9; Alen thien/Shutterstock, 10–11; R. Dirscherl/Age Fotostock, 12–13; Mark Conlin/Alamy, 14; MediaNews Group/Orange County Register/Getty, 15, 23bl; Konrad Wothe/Minden Pictures/SuperStock, 16–17, 23br; Nature Picture Library/Alamy, 18, 23tr; imageBROKER.com GmbH & Co. KG/Alamy, 19, 22br; SomprasongWittayanupakorn/Shutterstock, 20–21; S J Carr/Shutterstock, 22tl; Oleg Kovtun Hydrobio/Shutterstock, 22tr; Anest/iStock, 22bl; David W. Leindecker/Shutterstock, 24.

Printed in the United States of America at Corporate Graphics in North Mankato, Minnesota.

Tabla de contenido

¡Qué asco!

¿Qué es eso?
Está húmedo.

¡Es baba!

La hace un caracol.

¡Qué asco!

La baba es pegajosa.

El caracol se pega a ella.

Escala.

baba

Una babosa deja baba.

Escala.

Las ranas son húmedas.

Son babosas.

¡Mira!

Hay un pez en una burbuja.

¡Es baba!

burbuja
de baba

Esta es una anguila baba.

Ella hace baba.
Esta es elástica.

Un pájaro hizo un nido.

¿Con qué?

¡Con escupidura!

¡Qué asco!

escupidura

Un gusano caza.

¿Cómo?

¡Con baba!

Él atrapa un insecto.

¡Mmm!

gusanos

Estos insectos son babosos.

¿Te atreves a tocar uno?

¿Por qué son babosos?

Algunos animales son babosos. Otros hacen baba. ¿Por qué? ¡Echa un vistazo!

para estar a salvo

para mantenerse húmedos

para pegarse y escalar

para atrapar comida

Glosario de fotografías

baba
Una sustancia húmeda y pegajosa.

caza
Persigue y mata animales para alimentarse.

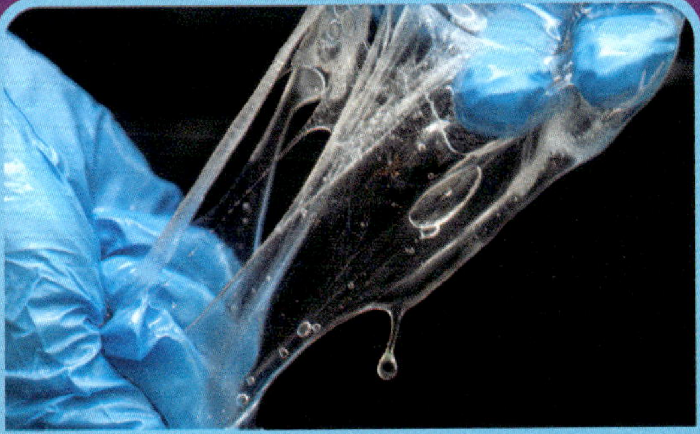

elástica
Que se puede estirar.

escupidura
Saliva que se escupe.

Índice

Para aprender más

Aprender más es tan fácil como contar de 1 a 3.

1. Visita www.factsurfer.com
2. Escribe "animalesbabosos" en la caja de búsqueda.
3. Elige tu libro para ver una lista de sitios web.

FACT SURFER